외눈박이 새의 오후

외눈박이 새의 오후

한여선 시집

개미

| 자서 |

 두 눈으로 보아도 보지 못하는 것 많은 세상,
 외눈으로 세상을 보는 외눈박이가 용기를 내어봅니다.
 오랜 기간, 시를 쓴 것도 안 쓴 것도 아닌 상태로 그저 흐르는 시간을 물끄러미 바라본 것 같습니다. 컴퓨터에 저장했던 시들을 잃어버린 일도 두 번. 여기저기 흩어져 있는 시들을 찾아내어 정리하면서 스스로에게 물었습니다. 무의미한 일이 되지 않겠느냐고. 부끄러운 일이지 않느냐고 1991년 출간한 첫 시집을 꺼내보았습니다. 거기 「외눈박이 새와 잠언이 있는 풍경」이라는 시가 있었습니다. 세상과 불화하는, 어쩌면 세상과 소통하는 법을 잊은 것 같은 어느 예술가를 만나고 쓴 졸시입니다. 시간이 흐른 후에 알게 되었습니다 저 또한 '외눈박이 새'로 살고 있음을. 스스로 만든 울타리에 갇혀 생각은 자의적이고 편협해진, 보고 싶은 것만 보면서 울타리를 넘어 날아볼 생각도 내지 않는 외눈박이 새를 보았습니다. 그리고 시집 출간은 아예 접고 지냈습니다. 외눈으로 바라본 시간들이 삶이 사람이 시라는 카테고리 안에 죽은 단어로 갇혀있다고 생각되었기 때문입니다.

    그럼에도 시집을 묶자고, 너무 늦었다고 떠밀어 주신 최대순(개미출판사 대표) 시인께 감사드립니다. 딴은 저의 한 세계를 단락 짓는, 늦었지만 좀 더 나은 자신을 찾아가는 건널목이 될지도 모르겠습니다.

2019년 1월
한여선

차례

자서 004

꿈의 나날

고립 014
척추 016
최면 018
냄새 020
바람 021
밤 022
변질 023
부끄러움 024
뿌리 025
사진 찍기 026
색깔 027
구두 029
생존 031
서울연가 032
석류 034
세월 035

여름 036
오천 원 037
오후 038

외눈박이 새의 정원

두타연 노을 속에 040
가을 041
겨울 고양이 042
도솔산 저 너머엔 043
펀치볼 044
산 045
어미 047
부디 잊지 마세요 049
완전한 세상 052
은고개 054
응봉산 055
해 따라가기 056
화장 058
바람개비 060
한 사람이 졌다 062

달의 계곡 064
구석기인 066
사람 067
수신거부 068
내 봄 안에 꿈속에 069
기다리는 밤 071
첫 만남 073
빙하의 침식 075
마지막 인사 076
어떤 기억 077
축제 079
동해 080

외눈박이 새의 오후

미안하다 082
그대 그리고 나 084
긴급구조요청 085
길 위에서 086
모슬포에서의 하루 087
문서가 사라졌다 088
바람의 풍경 089
밤바다로 091
보이저 1호 093
분홍향기 095

아, 허난설헌 096
오월이 간다 098
주점, 간이역 099
퀵서비스 맨 101
하지 이후 102
할머니 103
화석 105
메리 크리스마스 106
바다와 나 107
빈방 109
종지 111
나는 아직 산을 오르는 중 112
돌아보면 114
AM 4: 50 115
손을 베었어요 116

외눈박이 새의 노래 ❶

저기 돌산령 118
그래도 만대리 119
기다리는 동안에 120
꽃 속의 봄 121
꽃 진 자리마다 122
산막이 옛길 123
선유도는요 124

해오라기와 봄 126
저 황매화가 128
평창의 노래 129
서해의 별 131
호두따기 133
추상 135
내 마음의 왈츠 136
시인과 꽃 138
꽃바람인걸요 139
겨울산 140
제비꽃이 혼자 142
어여쁜 사람아 143
물 위의 나뭇잎 144
달의 초상 145
동십자각 146
귀로 147

외눈박이 새의 노래 ❷

곡우 150
겨울강 151
비 개인 어느 날 152
분실광고 153
서강을 지나며 155
동해의 아침 156

아가 157
나 혼자 듣는 그대의 노래 158
재의 향기 160
메밀꽃 필 무렵 161
너에게 가는 길 163
겨울 산수유 164
산이 날 부르네 165
어제 같은 날 166
가을엽서 167
등꽃이 필 때 168
푸른 잠자리 169
그대 없이 흐르는 시간 속에서 170
흘러라 청계천아 171
복수초 172
저녁새 173
나뭇가지 새잎 나면 174
물 175

꿈의 나날

고립

나는 갇혀있다
폭설이 나를 가뒀을지도
혹은 내가 나를 가뒀을지도
틀리지 않은 건
내가 갇혔다는 것이지만
나는 모른다
꼭 벗어나야 할 지점에 내가 있는지

함께 갇혀있는 것들을 둘러본다
소나무 상수리 고로쇠 빛바랜 풀잎
그리고 따뜻했던 날의
기분좋은 이름들을 입속에서 불러본다
부를수록 그들은 멀어지고
길은 보이지 않는다

어둠이 오기 전
눈은 하얗게 세상을 덮고
내가 알던 이름들을 지워간다

하지만 나는 꿈꾼다
길을 잃어버린 지점에서 시작될
또 다른 길

척추

엑스레이 필름 한가운데
척추가 있다
구부정하게 휜 척추를 중심 삼은 갈비뼈들은
잘못 펜 조립품처럼 불안하다
저게 나를 지탱해주는 지주란 말이지?
척추가 휜 걸 알고 있었느냐고?
좀 심상치 않았지만
산다는 건
걷고 뛰고 앉고 서고
강물처럼 쉼 없이 흔들리며 가는 일.
어찌 척추가 휠 것을 염려했으랴
'척추교정치료를 먼저 해야겠어요'
무릎 목 어깨 팔 모두 척추 때문에 생긴 이상 같아요,
휘어도 많이 휘었어요.
지금 두려운 마음으로 마주하는
내 삶의 결과물,
휘어진 것이 척추뿐이면 얼마나 다행인가.
시각의 중심이 휘어져

세상을 곡해했을 지도
휘어진 생각의 중심이
누군가를 아프게 했을지도
지금 할 일은
척추보다 먼저 치료해야 할 곳을 찾아보는 일.

최면

꽃이 졌다고
편지가 왔다
피는 일
지는 일
다만 한순간
바람 많은 남도,
벚꽃임에랴

다행이다,
나 게으르니
꽃이 지는 것 보지 못하리

지는 꽃을 본 가슴은
떨어진 꽃잎이 지나는 길목
꽃잎은 그 길 거쳐 가면서
물러진 한 귀퉁이 훑고 가는 법

남은 봄날, 내게

꽃 지는 날 없어라

냄새

침침한 공기 속을 떠돌며
쉬이 내려앉지 못하는
눈은 비늘이 된 꿈이다

눈의 냄새에 젖는 아침
원적외선 오븐 전원 스위치를 눌러놓고
전화를 한다
무슨 말이건 -남아 있는 기억 같은 것-
하려 했지만
지금은 부재중이오니……
그는 언제나 없다

무거운 커튼 틈으로
밖을 훔쳐본다
아스팔트 위에 질척하게 녹아 있는 눈
하수구로 흘러가는 눈의 냄새

고구마를 구워야겠다.

바람

너는 바람이다
어둠을 향해 돌아앉아
철 지난 옷을 짓는
초라한 나를 흔든다

바람은 언제나 느닷없고
감추고 싶은 허물의 정수리를 휘젓는다
그러나
내가 지은 미완의 옷들은
나를 보호하지 못한다
세상의 모든 바람 앞에
풀잎처럼 흔들려도 좋았지만
뚝뚝 소리내며 부러지는
허약한 의미의 중심

너에게 가면
나도 바람일까

밤

죽는다, 서서히 또는
조금 빠르게
속도
빛
향기
각각의 세포들이 인지하는
밤은 밤마다 다를 것이지만
밤이 비명을 지르는 법은 없다.
죽음의 속도와 비례하여 확대되는 밤의 지평
빛과 어둠의 역학을 부정하는 삶의 항등식
또는 죽음의 항등식
아무려나
아침은 언제나 황홀할 것!

변질

목판 위에 한 마리 도미가 있다
빳빳한 은빛 비늘 벗겨지자
분홍빛 도는 보드라운 살갗
살짝만 눌러보아도 촉감이 다르다
그래도 아직은 도미
바다를 잊은 것도 아니겠다.
지느러미 꼬리 주둥이 잘려나가니
반쯤은 그럴 듯한 도미
지 지 지 직……
소리를 내며 익어가는 속살
투명하던 눈빛이 죽고
갈색으로 그을린 살갗과 대가리
이윽고 세라믹 접시에 올려진
너 한 마리 생선
너를 기억케 하는 모든 기호들 사라진 지금
너는 도미인가

부끄러움

산속에 쉼터를 열고 있는 여자
산길을 오른다.
기다렸다는 듯 숲에서 나오는 새들
박새 곤줄박이 동고비
그녀의 모자 위에 어깨 위에
천연스레 내려앉는다.
간밤에 너구리가 다녀갔다고
얼마나 더 기다려야 봄이냐고
식탁으로 부엌으로 따라다니며 쫑알쫑알
물색없이 떠들던 산새들이다.
사람이 사람과 만나서도
저만큼은 되어야지 싶은데
나는 누굴 위해 어깨를 내어준 적 없구나

뿌리

잊고 있었습니다.
나무 한 그루 땅 속에서 크는 것을
태어나 처음
흙에 발 딛고 선 묘목이었다가
부러질 듯 바람에 흔들리며
노지의 나무가 되어갈 때
온몸으로 찬비 맞으며
천둥번개 견디던 밤에도
땅 위의 키
다만 그것이
내가 가진 힘인 줄 알았기에
잊고 있었습니다.
땅 위의 키만큼 땅 속 뿌리 깊어
그나마 모습 갖춘 나무인 것을.

사진 찍기

보이는 것보다 안 보이는 게 더 많은
세상의 변두리
매연의 진분을 갑옷처럼 덧쓰고
풀인 듯 검불인 듯
보도블록 틈새를 살아내는 질경이
생명인 게 눈물겨워

보고 싶지 않은 것 많아 작아졌을
네 눈 들여다보며
숨을 멈추고
육십 분의 일초 사이
망막 끝에서 가슴까지 너를 보낸다.

색깔

대야에 세제를 풀고
노란색 초록색 셔츠를 함께 넣었다.
얼마 후 셔츠들은 얼룩덜룩
다 못쓰게 되었다

서로 다름이 미망을 낳는 시절
혼자 강렬한 욕구는
누군가를 물들이려하지
네가 바라는 것은
완벽한 하나
온전한 둘이 존재함을 잊지

두 개의 얼룩진 셔츠를 표백했다
제 색깔을 잃어버린 두 개의 셔츠
향기 없는 무채색의 셔츠들이 남았다

너도
나도

무채색으로 사는 건 참 쓸쓸한 일

구두

버스와 지하철을 갈아타면서 좀 걷긴 했지만
두어 시간도 지나지 않아 발등이 부었다.
며칠 전 신발장을 정리하면서
외양을 살펴보고
킁킁 냄새도 맡아보고
꺼내기 쉬운 자리에 넣어두었던 구두.
벗어버릴 수도
되돌아갈 수도 없는 길 위
통증이 발바닥까지 왔다.
굽은 멀쩡한데
뒷굽은 높고 앞쪽 밑창은 너무 얇아

아 기억이 났다.
발바닥이 아파서 신지 못했던 것
발등이 아픈 것은 자꾸 신으면 늘어날 수도 있겠으나
바닥은 통굽이라 수선을 포기했던 것
수선도 되지 않고
한번 신으면 벗는 일도 쉽지 않은

나에게 맞지 않는 구두

감당하기 힘든 인연은 맞지 않는 구두다.
억지로 붙들고 있는 것들을 생각해 본다
멋모르고 취했으나
맞지 않는 구두 같은 인연들

생존

진눈깨비를 몰고 돌아다니던
바람이 내게로 온다
긴장하고 나는 서 있지만
허접한 옷들 젖고 찢길 터

여기저기 기웃거리던 세상의 바람
내게 와서 태풍이 된다
꼿꼿한 척 나는 서 있지만
유리컵 같은 속내
균열이 가는 소리

그래도 나는 서 있을 터
겨울강 언저리
폭풍 맞는 수양버들 제 몸 흔들듯이

서울연가

잠들지 않는 서울의 자정은 다만
삼백육십 각 중의 일 각을 초침이 지나는 것
쥐색 하늘에 송이송이 피는 꽃들
조금씩 환해지다가
더는 가두어둘 수 없이 팽창한
빛의 분자들 천지사방
흩어지고 뻗쳐오르는
분노 같기도
슬픔 같기도 한 저 빛

반쯤 감은 눈으로 훔쳐보면
하늘을 향해
땅을 행해
철선처럼 곧게
비단실처럼 따뜻하게
한 곳을 향해있다.
누군가의 가슴에 닿기를 소망하여
밤마다 뻗어나가는 저 빛의 단심

한결같은 길
한결같은 속도로
밤새워 달려가는
저 마음들이
한줄기 꿈이
닫힌 문 앞에서 속절없이 꺾여
되돌아오지 않기를.

석류

둥글고 매끄러워
손에 들고 굴려보다가
손톱으로 꾹꾹 겉피를 눌러보다가
껍질을 벗기려니 손톱이 찢어졌다.
고것을 쟁반에 놓고 가운데를 칼로 찔렀다
붉은 피가 튀었다.
칼날에 잘린 알알이 울음을 쏟아냈다
쇠가죽처럼 질긴 껍질 속에서
울음 삼키다 터져버린
가엾은 나의 여름날이여.

세월

한 아이가 빨간 줄장미꽃
창가에 피워놓고 달아나네

여름꽃밭 맨드라미에 앉아
싱긋 웃는가 싶었는데

노오란 은행잎 더미에
발끝 파묻고 그 아이
모른 체 딴청이네

애야 탓하지 않을게
가기 전에
뿌리 튼튼한 복수초 한 포기
심어놓지 않을래?

여름

댑싸리 무성한 마을을 지나
채송화 꽃씨 터지는 카페의 뜰에 서보았다.
때늦은 어리연꽃 여위는 돌확에
아직 고여 있는 여름 냄새

문경새재 넘어 모곡 지나
오물통에 빠졌던 여름을 버리러 가는 길
마른 감자줄기 걷어내며
뽀얀 감자 속처럼 웃는
아낙의 손등에서 햇살이 웃었다.

금마타리 환한 산모퉁이 돌아
들깨 마르는 들녘
재재거리며 지나는 시냇물 보고 있는데
툭
지나가던 바람이 내 어깨를 쳤다.
한 소리도 했다.
버리지 않아도 때 되면 잊혀져.

오천 원

 천년의아침 토야동동주맥주소주 자바커피 민들레의영토 아마데우스 아침여섯시까지마셔, 나는 커피하우스 투명유리창 옆 부유하는 먼지들을 바라보며 햇살가루일지 모른다고 생각한다. 눈앞에서 반짝거리는 햇살가루를 보며 먼지일지 모른다고 생각한다. 그 사람은 오지 않았다. 나에게는 오천 원이 있다.

 천년의아침 토야동동주맥주소주 자바커피 민들레의영토 아마데우스 나는 고개를 돌려가며 한번 더 읽어본다. 내가 여기 앉아있는 까닭은 물론 약속 때문이지만 그는 오지 않을지도 모른다고 생각한다. 나는 어느 때보다 나다워 생각하면서 또한 생각한다 지금 거기 있을 침대 밑의 먼지, 한번도 쓰지 못한 장롱 속 모자……

 그 사람은 아직 오지 않았다. 약속을 잊었을지 모른다. 약속은 없었는지 모른다. 블루마운틴을 마실까, 핫쵸코를 마실까 망설이면서 오천 원 지폐를 꺼낸다. 나에게서 나를 산 값.

오후

배롱나무 꽃송이 몇
지는 꽃들 사이로 느릿느릿 피어
구월의 가지 끝에 피를 토한다.
공원과 빌딩 사이
겁 없는 고추잠자리 오락가락하는 가을 오후
민소매 셔츠에 핫팬츠가 썩 잘 어울리는 여자가
잽싸게 나를 앞질러 간다.
산딸나무 둥그런 잎을 타고 떨어지는
빛
빛
빛
나는 수내교 위에 까치발로 서서
빌딩 쪽으로 들어간 고추잠자리를 기다렸다.
전화는 오지 않았다.

외눈박이 새의 정원

두타연 노을 속에

어린 사향노루가 숲향기 헤집는
여기 비무장지대
건솔리를 내달아
거친 숨 토해내며 떨어지는 폭포
보덕굴 앞에서 쉬어 가는 두타연

꽃다운 청춘들
초연 속에 스러져간 뒤
산새 홀로 우짖었을 세월을 묻은 산하
솔나리 용담초
아무도 모르게 피었다 질제
저 능선의 아침을 맞은 이 뉘신가
철조망에 갇힌 계곡 처연한 물소리
들은 이 뉘신가.
칠십 성상 굽이쳐 돌아온 두타연
고였다 다시 흐르는 물길을 보느니
산 같은 물속에 노을이 탄다.
노을 속에 쪽빛 사념이 탄다.

가을

비 그치자 바람이 불었다.
어제는 명랑하기도 했을
낙엽들 빗물에 젖어 무거운 몸을 뒤챈다.
발에 채인 낙엽이
가슴으로 들어왔다.
내 몸이 무거워졌다.
낙엽이 들어와 얹힌 탓이다.
지우고 싶은 소소한 것
끊어내고 싶은 인연
버리고 비운 자리
주인들 되돌아와 얹힌 탓이다.

겨울 고양이

빌딩 숲 사이로 내달리던 자동차 불빛 뜸해지고
놀이터 가로등불 희미한 도시의 밤
눈에 보이지 않는 송곳
바람 속에도 안개 속에도 숨어 있을 것이지만
오감을 열게 하는 밤의 숲
그가 산다
메마른 가로수 줄기 사이로 달이 지날 때
낯익은 얼굴들 노란 달빛 아래 걸린다.
안녕하세요!
멍청이…… 그만해!
표정 없는 얼굴들 대신 달이 쏘아 붙인다

죽은 나뭇가지에
죽은 기억을 걸어놓고
멍하니 바라보는 겨울
무심한 겨울 달을
따라간다
겨울 고양이

도솔산 저 너머엔

아우야 가자,
도솔산 저 너머엔
잃어버린 오유리 전설 같은 고향
지뢰깃발이 길 막아서던
도솔산의 겨울은 깊고 길었구나
이제금 온 산에 파도치는 초록물결
우리 가슴에도 초록불 붙어 타지 않느냐.

앞산에 수리취 한창일 거라고
물 찬 계곡에 버들치 살지겠다고
어린 노루 눈 속에 떨고 있을 거라고
뿌리 잃은 한 생이 서글퍼질 때면
어머니는 그렇게 행복을 지피셨지

아우야 가자,
도솔산 저 너머
잃어버린 고향
전설이 된 펀치볼.

펀치볼

 을지전망대는 텅 비어있었다. M작가는 500원짜리 동전을 주입구에 넣고 망원경을 내 앞으로 돌려놓았다

 비밀한 무엇을 보여줄 것처럼 망원경 렌즈가 열렸다. 꼭 보아야 할 무엇이 있기라도 한 것처럼 북쪽을 향해 젖혀진 큰 눈 나는 눈을 부릅떴다 흰 눈에 속살을 감춘 숲 보이는 건 어디에나 있는 산

 운무에 휩싸인 펀치볼거리를 내려다보며 카메라셔터를 눌렀다 조준 없이 방아쇠를 당기듯 안개 속을 헤집는 렌즈는 내 어머니의 눈, 바람 너머 대암산 도솔산 발치에 햇살 내려앉을 즈음 마을로 통하는 길이 열렸다 100년 전에는 있었으나 50년 전에는 없던 길 어머니의 가슴으로 짚어갔던 길 눈앞에 있어도 보이지 않는 길을 승용차가 달렸다 아, 펀치볼에도 해가 뜨고 졌구나.

산

간다
네가 거기 있으니
가슴 밟히고 짓눌리던 무수한 기억들
쓸어 묻는 밤,
내 기억도 함께 묻혀버리겠지만
먼동 트기 전
가슴 열고 일어서는
너의 의미가 되기 위해

한없이 풀어지는 생각의 고삐
틀어쥐고 간다
늘 목마른 나를 위해
특별한 준비가 필요한 건 아니다.
지금처럼
그저 지금처럼만
네가 그리는 원(圓)을 호흡하려한다

너의 맥박을 느끼며

나는 기다린다
깊이 묻어둔 세월의 이야기
속없는 미물들이 살갗을 헤집던 밤의
자질구레한 이야기까지
그러한 뒤의 고요
참 평온에 대하여

고맙다
나를 밀어내지 않는,
가만히 내게로 건너올 줄도 아는
네가 고맙다
약속 없이 돌아서는
나를 잡지 않아 고맙다.

어미

너는 검은칼새,
안전해서 불안한 세상을 등지고
죽음의 폭포를 뚫고 들어가 둥지를 튼다
네 어린 새끼들 쉴 곳
저 빛나는 세상엔 없기에.
시커먼 도마뱀이 추적할 수 없는
폭포 뒤 칼 같은 절벽
그곳이 너의 새끼들 작은 두 발 딛고 설 곳이다.
하루에도 몇 번씩
무시무시한 폭포의 장벽을 뚫어야 하는
두려움쯤은 오히려 가벼운 일
제 목숨 같은 새끼들이
간악한 뱀 따위 아랑곳없이
저 하늘로 날아오를 날까지
너는 악마의 목구멍을 넘나들 것이지만
깃털 비껴가는 물그림자에 가슴 쓸어내리고
폭포의 굉음에 숨죽이는 밤
새끼들을 보듬고 기도한다.

물보라 사이로 어리는 무지개 너머
사철 눈부신 세상으로
어린 새끼들 날아오를
아침을 위하여

※ 악마의 목구멍 : 300여 개로 이루어진 이과수폭포 중 제일 큰 폭포

부디 잊지 마세요
— 고 김신 작가를 보내며

푸 하하 핫……
선생과 함께하는 마지막 길에서
그 호쾌한 웃음소리를 들었습니다.
그리고 알았습니다.
사람을 기분 좋게 하는
그 웃음소리는
고독의 다른 얼굴이었음을.
서늘한 기운이 스멀스멀 가슴에 차오르고
이내 먹먹해졌습니다.
어제도 싱그럽던 초여름 바람에
몸이 자꾸 움츠러드는 날이었지요.

가족의 품에 안겨 선생이 떠나고
남겨진 우리
헛헛한 가슴 안으로
우리가 알던 선생이 들어오고
들쭉날쭉 일어서는 기억들이 가슴을 치받습니다.
언제던가요. 의령 유학사에 다녀오던 길

1억4천만 년이 되었다는 우포늪에 서서
'몇 겁의 인연으로 우리는 만난 것인가!'
새삼 감격했던 우리,
아름다운 인연이었습니다.
폭죽소리 요란한 만리포 해변에 앉아
동구 밖 과수원 길을 합창하던 그 여름밤을,
마가목주에 취하고 계곡 물소리에 취하며
올려다 본 삼일리 밤하늘의 별들.
'우리는 끝까지 함께 간다!' 다짐하며
어깨를 겯던 간월도의 시간들을 기억합니다.
낙산사 해수관음상 옆에서
떠오르는 태양을 지켜보던 아침
'그래 다 잘 될 거야!'
나직하나 힘 있는 소리로
우리의 곱은 마음을 위로하던 분
이제 그 시간들은
우리 가슴속 호수가 되고
때때로 이는 바람에 출렁이며 가슴을 적시겠지요.

세상의 모든 인연 내려놓고
우리가 알아채지 못한 고독의 무게
다 못한 마음도 내려놓고
해탈관문을 넘어 가신 이여

부디 잊지 마세요.
그 웃음소리
속 깊던 정을 그리워하는
우리가 여기 있다는 것을.

완전한 세상

유리병에 오갈피 열매를 넣고 35도 소주로 채운다.
꽃인 듯 별인 듯 영롱한 열매들
금세 과즙이 번져 나와 앵두빛 띠가 돈다.
점점 소주가 붉어진다.
하루쯤 지나면 더없이 고와지고
이내 흑장미 색으로 변해
내 눈을 매혹시킬 것이지만
그것은 치명적 독을 품은 미혹의 세계
그 미망의 순간에도
열매는 술을
술은 열매를 함몰시키려할 것,
이윽고 술과 열매 사이
열매와 열매 사이
경계가 구분되지 않는 칠흑의 세상
햇볕과 바람과 빗속에서
벼려온 열망이 또 다른 시간에 녹으며
술은 오갈피가 되고
오갈피는 술이 되고

어둠마저 익어 향기가 되는 날
세상은 완전해질 것인가.

은고개

할미꽃 하얀 머리 실바람에 후르르 산발이 되고
각시붓꽃 엉겅퀴 얽혀 살던 봄
스스스……
음산한 바람소리 계곡을 훑고 갈 때면
숲속 판잣집에 숨겨진 누렁이들
꼬리 치세우고 으르렁 대기도 했지만
뭐 어때요, 도깨비불 돌아다니는 밤이 오기 전에야,
초롱꽃 불 켜들고 반기는 언덕 후두두둑
곤줄박이 솟구쳐 날 때
까무룩 정신 놓칠 뻔하곤
그저 손 잡아줄 그대가 그리웠지요
갈비집 사철탕집 하나 둘 들어선 뒤론
호반새 물총새 떠나고 없는데
누가 알겠어요,
도깨비불 찾아 헤매는 내 심사를.

응봉산

동산으로 불리는 봉우리 둘 한강 물소리에 귀 기울이며 앉아있다. 산이라 불리면 스스로 민망할 그를 스쳐보며 사계절 사람들은 강변북로를 달렸겠다. '나는 산이다' 외치면 산인 줄도 알겠으나 입 다문 그에게 '너는 산이다' 하면 산일까, 허리 끊기고 태생을 잊은 후로도 수십 년 예나 지금이나 도도한 열수 지켜보면서 제가 산인 걸 티내지 않더니만, 어느 날 문득 온몸에 금빛 광채, 천지사방에 봄불 당기며 한 하늘 밝히니 이 봄 중 가장 큰 산이었다.

해 따라가기

정오 무렵에도 세상은 침침했어요
그때 구름 속에서 나온 해가 신기했지요
그 해를 따라가 보기로 했어요
해는 그리 눈부시지 않았어요
따분한 것까진 아니라 해도
마땅히 정한 길도 없었으니까요
고운 해는
그만한 속도로
그만한 간격으로
나를 이끌어 갔어요
그 해는 단정해서
뒤를 힐끔거리는 짓은 하지 않았어요
얼크러진 나뭇가지 사이
겹겹 포개진 능선 사이
해는 물처럼 흘렀어요
꼬불꼬불 고갯마루 넘을 땐
숨바꼭질도 했지만 길 좋은 곳에선
곧잘 따라갔어요

지루한 오후,
잠깐 졸기는 했지만요
그런데 그가 샛길로 빠졌을까요?
두물머리 근처에서
해를 놓쳤는데요.
이제는 흐르는 구름도 보이지 않는
깜깜 굴속이네요

화장

숨어들기 또는 드러내기
그것은 다른 이름의 하나
숨어들기 위해 드러내는
그 일이 완벽할수록
숨은 나를 내가 몰라볼수록
그리하여 더욱 견고해지는 안과 밖

화장을 한다
미처 다 숙지하지 못한 화장품
수시로 순서가 달라지지만
본질이 달라지는 건 아니지
유행을 따라 확
색조가 변해도 좋을 것
그것이 나를 각인시키는
또는 숨기는 멋진 방법
암청색 눈두덩 입체적 아이라인 가지색 눈썹
나뭇잎 같은 입술에 펄을
화장을 하자

깊숙이 숨긴 나를
내가 잃어버릴 때쯤
안과 밖이 함께 견고해질

바람개비

바람막이 울타리
비 가릴 지붕 짓지 않는
빈 하늘이 너의 집
무심인 듯 태평인 듯
허공에 꿰어 웃는다
춤춘다 가볍고 가벼움으로
춤추며 바라보는 세상의 가벼움
돈다 슬렁슬렁 빙그르르
때론 격렬하게
바람과 손잡고 놀다가
문득 느끼는 서늘함
너를 적시는 것 이슬뿐이랴
달린다
그리움의 힘으로 제 무게를 밀며
까무러칠 듯
그리운 것들 쪽으로 달려가지만
멈추어 서면 처음 그 자리
하루해 지면 하루해만큼

그리움도 사위어 지려니
산 같은 그리움
그 자리에 두자

한 사람이 졌다

신현리 골목의 끝자락을 돌아 나올 때,
떨어지는 꽃을 보았다.
휘청거리는 발아래
툭
떨어지던 능소화

산의 나무들 어둠에 지워지고
불온한 기운이 세상을 휩싸던 밤
흔들리는 게 나만이 아니었나보다

낯선 거리를 헤매다 전화를 걸었다
뚜 뚜 뚜……
송수화기를 든 채 바라본 하늘
툭
별이 떨어졌다

그는 지금
어디 어느 시간의 뒤란을 헤매는지

나 모르는 어느 공간에서
무엇을 지켜보는지

문득 빗소리
가슴을 긋고
내 안에서
툭
떨어지는
꽃
혹은 별
그렇게 한 사람이 졌다.

… 달의 계곡

흙일까, 그의 가슴은
비가 왔을까, 그 계곡에
어느 고운 봄날
그 계곡에도 비 오고 흙이 젖고
풀꽃 피고 벌 나비 날고
그랬을 것이다,
지금은 아무것 살지 않는 거기

누군가의 기도 간절하면
그 계곡에도 꽃이 필까
불현듯 비 내려
풀잎 돋고
새들 우짖는 아침이 올까

제 가슴에 풀 한 포기
허락하지 못하는
그는 알까
내 밤길 비추던

그 빛 허상이었다 해도
캄캄한 나의 밤
길잡이였음을

구석기인

맥주를 사들고 딸이 귀가했다.
내일 아침을 걱정하지 않아도 되는
금요일 늦은 밤
딸이 좋아할 두부를 꺼낸다.
마주앉아 맥주를 마시며
생각한다,
지금 나는 대체로 평안하다
저 애는 어떨까
어쩌면 지금쯤 사춘기 아이를 키우며 티격태격
살림살이 걱정에
남편과 말다툼도 예쁠 나이
이대로가 좋아!
단호한 딸을 바라보며
그 시니컬한 미소가 불안한
나는 엄마, 대체로
엄마는 구석기인

사람

아무려나,
내가 사람인 게 나는 좋다.
짐승인들 저럴까 싶은 말종
귀신보다 더 무서운 것들이 출몰하는 세상
대문 밖에 있는 자식들 무탈한지
불안하지 않은 날 없지만
아직 멀쩡하니 살아있는 게 기적 같은 세상이지만
'사랑하자'고
'77번 용서하자'고
외치는 사람도 있으니
다시 오늘을 살아낼 힘을 얻지 않는가
나의 힘이 어디에 닿는지 몰라도
사랑은 소멸되지 않을
사람의 힘이니
맘 먹는 만큼
그 힘을 가질 수 있는
내가 사람인 게 좋다.

수신거부

신호가 미약하여 수신되지 않습니다. qook 버튼을 눌러
실시간 방송 선택 시 olleh tv 방송 시청 가능합니다.
안테나선의 연결 상태와……

안테나가 천 개라도 너를 향한 촉수 백만 개를 가졌어도
너는 수신되지 않는다.
이제는 내 차례
너를 거부한다.

내 봄 안에 꿈속에

삼백예순다섯 날 중 하루
선생님께 드리는
향기로운 날
가슴으로 전하는 한 송이 카네이션이면
한 생이 환할 것을
모른 체 해만 바꿨습니다.

초가을 홍옥 같던 시절
물밀려오는 세월에 파묻힌 후
잊자고 작정한 듯 지낸 날, 스물다섯 해
노엽고 섭섭함에
그 가슴 바위처럼 굳어졌을 선생님 앞에
세상의 꽃이란 꽃 모두 엮어
꽃산을 드린들
이 세상 산해진미 은쟁반 올린들

그 가슴 봄눈이 듯 녹으실는지
죄송합니다, 한마디 부끄러워

속으로만 잦아드는 오늘입니다.
언제나 물올라 있던 회초리
지금 맞아도 마땅하겠습니다.

그러나 선생님
날마다 빛 터진 봄날이던
한 둥지 속 삼 년
삼십 년 무게로 살아있어
자주 그리는 꿈속입니다.
생각하면 훈훈하고
때때로 뵙고 싶던 선생님들
오랜 시간이 흐른 후에도
꿈 밖에서 뵐 수 있는 분
영원한 봄 안에 계시니
또 하나 큰 행복입니다.

*졸업 25주년 행사에

기다리는 밤

일상적 수다도 그들이 떠들면 돈이겠다.
객관적 성공은 겸손하게
카메라 앞에서 떠들면 상품이다
그들만의 관계를 세상에 공개하는 섣달그믐 밤의 TV
내게 올 너를 잊은 건 아니다
둘 데 없는 눈, TV에 멎었을 뿐
귀는 문 밖에 두었다.
보이는 것 들리는 것 현란해
네 조용한 발소리 묻힐까
온 밤을 너에게 집중한다.
네가 올 땐
그리 심각하지 않은 얼굴로 왔으면 한다.
나는 믿는다.
너를 맞아 행복하지도
너로 하여 불행하지도 않을 것을
남아있는 날들은 대체로 무채색
어느 하루 빛날 날 없다 해도
너를 맞아

사람의 언어가 흐르는 나날이기를

첫 만남

12월 11일 신새벽 첫 울음소리를 들었다
분만실 밖으로 새어나오는 카랑카랑한 목소리
"오 성격 나오는데?"
고모가 한 말
어쩌면 너에게
어쩌면 삼신을 향한 감사의 조크
너의 첫 울음소리에 안도하며
내 마음 벅찼구나
그러나 어찌 모르랴
엄마와 아기가 함께 한 고통의 시간
그 끝에 터져 나온 울음인 것을
더없이 사랑스럽고 대견한
너의 첫 사진
한 세계의 끝에서 새롭게 열리는
또 한 세계를 보았다
나는 간구한다
너의 뜰에 내리는 비
꽃을 피우고

너의 하늘에 이는 바람
세상의 향기를 품어오기를
네 마음에 닿은 모든 것 사랑이기를
네가 살아갈 세상
두려움 없기를

빙하의 침식

나는
침몰하지 않는 꽃이다.
울지 마라,
어기찬 바람에 몸이 쏠리고
깨어지자고
깨어져 하늘이 되자고
흔들고 뒤집는 파도 앞에
무너져 흔적 없이 사라질 때 올지라도
지금은 풀향기 퍼지는
오월의 아침
하루만큼의 침식이 있을 뿐이다.
억겁 나의 생에 들러붙어
빙괴가 된 눈물의 분자들
악연이었다 해도
잊어라, 지금은 새들도 사랑하는
오월의 아침

마지막 인사

이젠 가세요, 어머니
은행잎 우수수 떨구고 가는 바람이듯
짙푸른 하늘에 흔적 없이 잠기는 목탁소리 듯
어머니는 자유예요
사방에 어둠뿐 막막한 날
나 혼자 그리워하겠지만
불러도 대답하지 마세요, 어머니
어머니 눈에 꽃이 못 된
염치없는 딸이던 걸요
오래전에 놓은 그 손
다시 잡지 못했는데요, 어머니
그래도 훨훨 날아가세요.
이승보다 아름다운 곳이면
어디고 없이 다니시다
잔디 파릇한 날 술 한잔 올리거든
한 번은 알은 체 해주세요.
'지금은 편안하다' 그 한마디
들어야 해요 어머니.

어떤 기억

꿈이었을까.
햇볕 · 소나기 · 고속 · 일반 · 지방도로
어찔어찔 넘나들던 그날
소낙비에 눅눅해진 영덕초등학교 운동장에서
잠깐 올려다본 하늘은 어땠는지
우리는 누굴 기다렸는지
백리 길에 만개한
배롱나무 꽃빛은 꿈속이었는지

그 하루의 끝에서 만난 영덕 앞바다
파도소리를 덮고도 남던 웃음소리
백사장 화덕에서 삼계탕이 끓고
처음 본 사람들과 악수를 했고
뒤엉켜 흐르지 않는 소리에 갇힌
시간을 할퀴며 밤이 지났지
멀뚱한 아침을 맞아
불에 덴 듯 화끈거리던 것은
노여움이었을까?

모두들 신산한 얼굴로
차창만 바라보며 돌아온
그 여행은 아직도 목에 걸린 가시인데
없던 날처럼 잊어버릴 수 없는 것은
홀연 이승을 떠나버린 이의 마지막 노래가
그 바닷가에 묻혀있기 때문이다.

축제

알아들을 수 없는 모국어
광장에 풀어놓고 아이들이 떠나는 길을 따라
괴성이 폭풍처럼 몰려갔다
현란한 몸짓을 비추던 조명등 흉물로 남고
축제의 밤을 떠받치던
무대에 어둠이 쌓인다
어디로 축제의 밤은 흘러갔을까
산불 같던 아이들 함성은 어느
한적한 시냇가에 닿았을까
아순시온시 무희들의 경쾌한 발자국소리
아스팔트를 뚫고
땅속 어디쯤 달려가고 있을까
이미자 송창식 같은 이름이 반가운 사람들
광장에 서성이며 불꽃놀이 끝난 하늘 올려다보지만
달이 죽은
지금은 그리운 이들의 안부를 물어선 안 되는 시절
발등이 묻히는 쓰레기 더미를 헤치며
조용히 돌아가는 일을 할 수 있을 뿐이다.

동해

모래밭이 아무리 고와도
함부로는 걷지 마라
해수욕장 표시 있다고 해서
바짓가랑이 둥둥 걷고 슬리퍼 신은 채
함부로 발이나 담그지는 마라
나를 덮칠 듯 으르렁거리며
달려드는 저 파도가 무서우랴
아니다 동해는
그저 그런 바다가 아니다
가없는 길을 돌아
무한시공 어둠을 살라먹고
불덩이로 토해내는 바다
어둠 길고 깊어도
가슴에 불덩이 하나 키워
온 하늘을 물들이라 한다

외눈박이 새의 오후

미안하다

나무가 죽었다
겨울 거의 끝날 무렵.
하늘 향해 뻗치던 가늘고 긴 잎사귀들
만지면 손을 벨 듯 날카롭더니
몰랐다. 언제부터인가
그 잎들 하나 둘 아래로 쳐졌을 것을
아침볕 잘 받으라고
늘 빈집 같은 컴컴한 집
문 열면 눈 마주쳐달라고
현관 안쪽 창 옆에 두었었다.
몰랐다
창틈의 실바람도 아렸을 너
눈 마주쳐주길 바랐던 건 너였음을
내가 들어설 때마다 몰고 온 삼동바람에
칼날 같던 성정 조금씩 꺾였을 것을
이윽고 너의 믿음
뿌리째 마른 후
미안하단 말밖엔

할 말 없어 미안하다.

그대 그리고 나

풀어 풀어 풀자고
강가의 갈대꽃
휘이휘이 허공을 흔든다,

풀어져야 할 것들
성애 엉킨 갈대처럼
가슴속에서 더 단단해지는 오후

고요 속으로
늑골 속으로 파고든 후
다시 나오지 못할 위치에서
돌이 된 말씀
독이 된 말씀

갈대처럼 흔들리는
아직은 동짓달.

긴급구조요청

 새가 검은 산을 보았다. 스산한 억새밭을 달려 검은 나뭇가지 사이를 빠져나온 해가 검붉은 산등성이를 막 넘어갔을 때 검은 실루엣의 작은 새, 검은 산등성이 근처를 선회하지만 산은 새를 받아줄 기미가 없어보였다.
 눈사람 옆에 종종거리는 나는 새인가 따뜻한 불빛들이 새어나오는 동네의 끝
 집으로 들어가지 못한 나는 엉거주춤 눈사람에게 웃어 보인다.
 동네 어귀에서부터 따라온 빛들 빠른 속도로 그의 실핏줄까지 침투하는 것을 보며 부탁한다. 나는 집을 찾지 못했어, 오늘밤 너의 온기를 나눠줄 수 있겠니? 아직 살아있는 그의 몸속으로 들어간 빛의 입자들이 모세혈관 속에서 증폭하는 걸 보았다. 그리고 나를 본 당신은 어제의 눈사람이었다.

길 위에서

소중한 것들 수없이 흘리며 왔겠지요
잃어버린 기억조차 없는
주인 없는 무덤처럼 버려진
그러나 본래 나였을 것들
젊은 날의 길은 어두운 터널 저쪽
아침 달맞이꽃 같은 꿈은
파리한 낯빛으로 서 있겠지요
돌아보면 눈 마주칠까
숨어서 보던 허약한 사랑도
아직 거기 있을까요.
손 내밀면 잡힐 듯 눈에 선하지만
형광빛 번쩍거리는 이 길에서는
아무것도 찾아내지 못하겠어요.

모슬포에서의 하루

해무 자욱한 밤바다를 달려와
모슬포 발아래 쓰러지는 파도여
바람의 길 끝에 모슬포를 만나
지친 그림자를 접는 나그네여
햇살 아래 꿈꾸지 않는 것 없는
모슬포는 사랑이니
거친 바다,
흔들리며 흘러온 우리
이제 더 가야 할 곳 모른 들 어떠랴.

밤바다의 집어등 수평선을 밝히고
또 하루의 닻을 내리는 사람들
주름 깊은 해녀의 타령소리 먼 바다로 흘러갔다.
더 많이 사랑하지 못한 회한이
가슴에 파도칠 때
나는 붉은 등대 아래
해진 꿈 벗어놓고
이제 더 가야 할 곳 몰라도 좋았다.

문서가 사라졌다

'인터넷만 되게 했어' 그가 소리쳤다.
아……!
컴퓨터 화면에 줄지어 떠 있던 기호들 사라지고
달랑, 달팽이 같은 문형 하나
원고 악보 사진 이런저런 자료
컴퓨터에 쟁여놓은
내 모든 것이 사라져버렸다.
지난 이십 년간의 내 기록
내 삶의 흔적을 한순간에 밀어버렸다.
그것이 나를 소멸한 폭거였다 해도
누굴 탓할까
그 허망한 공간에 내가 있었다.
타인에 의해
언제라도 소멸될 수 있는 상태로
나는 나를 방치했다
나를 존재하게 했던 곳은 가상의 세계
이제 나를 복구해야 한다.
누구도 소멸시키지 못할 나를

바람의 풍경

마음 안에 방이 하나 있습니다.
햇살막이 빗장 걸린 방에
시시때때로 바람이 몰려와 휘젓습니다.
가까스로 싹틔운 것들
맥없이 스러지고
생각의 가지들이 뚝뚝 부러집니다.

세상의 모든 이름들이
내게 오면 바람입니다.
산바람 같은 속삭임으로
나를 위로도 하지만
아물어 가는 상처를 덧내거나
부끄러운 영혼에 생채기를 냅니다.

까닭 없이도 바람은 일고
나를 흔들고 가는
바람의 등 뒤에서 피어나는 허약한 시
시는

바람의 풍경입니다.

밤바다로

천년 넘어
만년 넘어
갖은 풍상이 쓸고 간 거기
무슨 그리움 같은 거 남아 있겠냐만
이제도 젖은 목소리
나를 불러
간다,
낙조 비껴가버린 송림 뒤
네가 거기 있느냐
그래 눈 감아도 보이지
불러 놓고 멀찍이 달아나서는
어깨 들썩하며 나를 바라만 보는
그러한들 또 어떠리
소리쳐 불러주는 네가 있어
간다
어둠 덮어쓰고
죽은 듯 가라앉은 모랫길
숨차게 달려가지만

오늘이 어제 같아
너는 또 바라다만 볼 거니
드러내는 듯 싸안고 마는 너의 속내
듣는 듯 듣지 못하는 너의 이야기

보이저 1호

보이저 1호가 사라졌다,
검은 우주 속으로
성간우주 속으로
그가
사라졌다

보이저 1호가 사라진 날
그가 사라졌을 것이다
내 상상이 미치지 못하는 세계로
내 심장이 기억하지 못하는 시간 속으로.

100억 개의 눈을 사로잡은 그였다 해도
내 영혼이 사로잡힌 세계였다 해도
없다, 여기 태양계에

사라짐은 멸함이 아니다 한들
생각에 잡히지 않는다.
사라지는 것을 붙들지 못하는

우리의 세계는
어제보다 오늘 더
서로에게서 멀어지는 일뿐
어둠을 먹으며
성간시대를 떠도는
너
나
우리가 있을 뿐

*보이저 1호 : 1977년 발사된 미국 무인우주탐사선, 2012년 8월 태
 양계를 벗어나 성간 공간(태양권 밖의 우주)으로 진입했다고 함

분홍향기

나는 우주의 중심이야, 하고
중얼거려본다
그 말을 하니 향기가 난다.
너는 우주의 중심이야, 하니
더 진한 향기가 난다
그 향기가
너와 나의 거리를 메운다.
거리가 멀수록
향기는 진하고 오래 간다.
너의 말에는 향기가 있다
말의 뿌리에서 쉼 없이
향기가 뿜어져 나오고
세상을 덮는다.
아주 기분 좋은 분홍향기

아, 허난설헌

달무리 하얗게 부서져 내리는 밤
스물일곱 송이 부용꽃
스스로 꺾어버렸나요
여자로
조선의 여자로 사는 삶이
큰칼보다 무거운 형벌이었을 당신
신선시 짓고
앙간비문도를 그려도
당신의 한 생은
뼛속으로 바람살 파고드는 엄동설한

보름달 빠진 경포호 지아비와 나란히
걷고 싶기도 했을 텐데요
싸락눈에 문풍지 젖는 밤에도
큰소쩍새 울음소리 홀로 들으셨나요.
길마다 서릿발치는 밤
밤하늘 홀연히 날아오르는 소리
사백삼십 성상 건너 들려오는데요

천지사방 막힌 곳 없는 하늘을 날아
지금도 태산을 넘고 있나요

오월이 간다

오월이 간다
아카시아 찔레향기 흩뿌려놓고
오월이 간다
저를 휘감는
푸른 산 어스름 떨치고
산비탈을 돌아 징검다리 건너
어린 메뚜기 잔등도 쓸어주고
망초잎 툭툭 건드리며
오월이 간다
하늘길 구름배에
제 향기 제 소리 모두 싣고
너 가노라만
가다보면
늘 추운 집에
널 그리는 이 있으니
향기도 풀어놓고
소리도 풀어놓고
아주 거기 살아도 좋으리.

주점, 간이역

내 의지로는 가닿을 수 없는 역으로
나를 전송하는 주점, 간이역
희뿌연 흑백사진 속에
기다림에 지친 노인처럼 웅크리고 있는

안개 속을 헤매는 몽유병자처럼
하루를 헤매다 사진 속으로 들어가면
나를 집으로 데려다 줄 것 같은

나는 조금씩 잔을 비운다
잔이 비는 속도로 다가가는
또한 그 속도로
내게로 오는 간이역
새벽이었을까
검은 뱀처럼 흉물스런
기차가 외마디 소리를 내지르며 떠나고
달아났던 적막이 되돌아온 거기
나직하게 들리는 강의 숨소리에 내 숨소리를 맞추며

떨고 있는 내가 있다
어느 역에서나 차를 탈 수 있겠지만
간이역에 조등이 걸린 후
그에게로 가는 길을 잃었다.

퀵서비스 맨

 잊지 말아줘, 너를 위해 나의 하루 온전히 비워두고 기다린다는 걸. 가마솥처럼 끓는 여름날 팔판동 골목길을 헤매고 있던 때에도 바지주머니에 든 휴대폰이 진저리치며 춤추는 순간의 희열을 즐겼지. 너의 부름이 없다면 내가 존재하지 않는다는 걸 네가 알아버린 지금 시시때때로 불안감 밀려오지만 절망은 아니지, 전화해 너무 늦지 않게, 어느 때 어디라도 달려갈 준비는 되어있어, 너를 위해 24시간 잠들지 않는 내가 있다는 걸 기억해줘.

하지 이후

지켜볼 것이다
하루 또 하루
간단없이 줄어드는 빛
하지만 조바심치며
그 무게를 재는 짓은 하지 않겠다
날마다 한걸음
물러나며 네가 거두어 가는
빛의 크기만큼 내 뜰을 채우는 것
어둠이라 해도
껴안을 것이다
그 어둠의 뼈에 문신처럼 새겨질 상처까지.
어둠이 익고 익어 푸르러질 때쯤
어둠의 속살에서 싹트는 것
그것이 내게 주는 선물일 것이기에.

할머니

검은 비닐봉지를 주렁주렁
손이 모자라게 들고
해 설핏한 시장어귀 돌아나올 때
'아줌마' 누가 부르는 소리
"토마토 떨이 허슈"
나는 아무렇지도 않게
싸게 줄래요? 혼잣말처럼 물으면서
리어카에 코를 박는다.

아줌마!
처음 들을 때는 얼굴이 달아올랐고
할머니!
처음 들을 때는 기분이 상했고
서글프다가 익숙해지는 이름

그러나 무엇이 문제인가
세월이 바람과 손잡고 지나갔을 뿐
오늘의 나는 어제의 나

남아 있는 오늘의 무게는
어제의 무게보다 가볍지 않으리

원한다면
그 무엇을 주고도 살 수 없는
눈 하나 공으로 얻는 나이
기도한다
허허로운 가슴 가운데
눈 하나 열려서
세 개의 눈으로 세상을 볼 수 있기를
하나의 눈으로 산을
하나의 눈으로 별을
하나의 눈으로 사랑을

화석

머물지 못하는 한줄기 바람으로
잦아드는 노을 속에 멀어지는 사람아
듣는가 세월에 묻히는
지친 꿈의 발자국 소리를
닿을 곳 없는 구름의 노래를

마음 밖에 멀어지는 사람아
마른 꽃잎으로 누운
빛나던 여름의 그림자를 보는가
떠돌다 떠돌다 어느 강 언저리
돌이 된 꽃잎을

메리 크리스마스

온몸에 힘을 주고
바닥만 보며 걸었어요
메리 크리스마스!
고개를 들고 둘러보니
온 세상이 반짝반짝
메리 크리스마스!
메리 크리스마스!
나무 울타리 검은 벽
색색의 별들이 소리쳤어요
못 본 척 고개를 숙였어요
세상이 암만 반짝거려도
내가 걷는 길은 살얼음판
넘어지지 말아야지요
넘어지지 말아야지요

바다와 나

너를 버리려 달려간 거기
네가 있다.
발등이 빠지는 모래밭
갯방풍 꽃숭어리 아래
통보리사초 무리 속에도 있어
쓰옥 얼굴 내밀고 나를 쳐다본다.
무슨 상관이랴,
이제 너를 버리려 한다.
우리의 시간
우리의 기억
돌덩이처럼 단단히 뭉쳐
저 깊은 바다에 던져버리려 한다
긴 날
나의 더듬이는
너를 향해 작동했거니와
뜻 모를 언어로 달려와 부서지고
나아가는 듯 뒷걸음질 치는 너
세상 덮고도 남을 너의 품을 보았다 해도

그 한 끝도 허용하지 않는
너 바다여
너에게로 너를 돌려보낸다.

빈방

새소리를 들었다.
커튼을 젖히니 실비가 오고 있다
참 고요한 아침
빗속에서 새가 운다
그 강둑엔 노란 꽃다지
꿈꾸는 듯 봄맞이꽃
세상을 보고 있겠다

아기 우는 소리를 들었다
들리는 듯 끊기는 듯……
커튼을 닫고 둘러보았다.
손녀와 아들 내외가 지내던 방
아기 울음소리가 온 벽에 달라붙어 있다
영혼이 빠져나간 허물 같은
아들의 셔츠 하나 옷걸이에 걸려있다.

끝나지 않을 것만 같던 겨울의 끝
제 둥지를 찾아간 나의 새들이

빗속에 울지 않기를.

종지

펼쳐진 상에 인원수만큼 종지가 놓였다.
겨자소스 간장 초장이 종지에 담긴다
식탁 한가운데 비워둔 자리는 전골냄비가 놓일 자리
온갖 채소와 버섯과 고기
모두를 위한 전골 그릇이다
밖에는 가마솥
탕이 끓는다
내가 모르는 수많은 이들을 위한

나는 종지다
나의 주검 앞엔
가족이 부를 이름조차 부끄러울 것
허나 내겐 종지의 의무조차 버거웠느니
가마솥, 전골 그릇이 못된 걸 어찌 한탄하랴

나는 아직 산을 오르는 중

마니산에 갔다
길은 온통 계단
돌계단 낱낱에 수를 매기며
앞서 오르는 사람
나도 그 뒤를
세상의 좋은 이름 하나씩 부르며 오르다가
그런 내가 낯설어
그늘 덮인 돌에 걸터앉아 웃는다.
눈앞엔 크고 작은 나무들
넓은 칡잎 사이사이 보라색 꽃숭어리
그 아래 돌 바다
저 너머 따뜻한 지붕도 몇
이 좋은 그림 속인데
발등을 어지럽히는 송장메뚜기 불거진 눈 때문인가
때 없이 추운 여름날
그래도 나는 아직 산을 오르는 중
참성단에 향 사루고
먼 바다 하늘에 빌면

한 점 내 길이 보일까.

돌아보면

거기 내가 있다
다복쑥처럼 자라는 꿈
꽁꽁 언 손 부비며 바라보면
달디단 봄이 저만치 보였다

돌아보면 거기
사월 햇살 젖은 목련꽃 같은 얼굴
아지랑이 같은 웃음소리

돌아보면 거기
내가 있다.
암만 생각해도 행복이었을
그 시간의 여울목에
맴도는 게 무엇인 줄
그때도
지금도 모르는 채로

AM 4: 50

지금 잔다면 아침을 잃어버릴 것이다
계속 자지 않으면 하루를 잃을 것이다
별별 기억들이 뇌를 헤집는 시간을 버티다
또 생각하는 것이다
지금 잠이 올 듯도 하지만
자야 하나 말아야 하나
아무 일도 하지 못하는 낮과 밤이 이어지고
가시 돋친 시간이 나를 위협한다
얼마나 많은 후회
얼마나 많은 실수
얼마나 많은 아쉬움
나이만큼 늘어나는 밤의 벌레들
나의 밤을 지배하는 기억들이
뇌 속의 벌레가 되어 스멀거리는 시간
AM 4:50

손을 베었어요

날카로운 종이에 손을 벤 적은 있지만
골판지라니요
손가락 상처에서 피가 나데요.
두껍고 누런 종이도
손을 베고 피를 내요
철판처럼 굳은 줄 알았는데
닳을 대로 닳아
습자지처럼 약한 피부였나 봐요
생각했어요
이 나이는 모든 것에 무딜 거라고
알았어요
골판지에도 상처를 받는 사람인 것을
미안했어요
함부로 정의한 내 나이에

외눈박이 새의 노래 ❶

저기 돌산령

도솔산 능선 위로 찬란히 햇살 퍼질 때
찬이슬 털어내는 산자락의 새소리
꿈 많은 새아씨 적 어머니의 노래인가
꿈속에 달려가던
내 고향 산천 그리워
저기 돌산령을,
돌산령을 넘어가면
산능금 머루 다래 제 빛깔로 녹아 흐르는
향기로운 물속에 산 그림자 홀로 깊어있겠네

저기 돌산령을,
돌산령을 넘어가면
햇살에 취한 부엉이 숲 그늘에 졸고
하얀 진달래 꽃잎처럼 하르르 봄이 지겠네.
다홍치마 새아씨 적 어머님의 노래인가
꿈속에 달려가던 그 고향
산천 그리워라

그래도 만대리

어머니 가슴에
태산으로 앉았다가
나에게 건너와 호수가 된 만대리
길 없어 흐르지 못하는 사랑일레,
가을 눈꽃 겨울 안개 무거운
금강산 가칠봉 산허리
젖은 바람 타고 오는 곰취 향기 새소리
그립다 생각하면
더 그리워 슬픔이 될까
생각 맨 아래 가두지만
그래도 만대리
어머니가 심어 놓은 꿈이 있으리,
오지 말라고 등 내미는
바람 아직 매섭지만
늙은 노루 다녀간 호젓한 길을
달린다, 마음이 저 혼자.

기다리는 동안에

새 풀잎 돋고
꽃잎 붉게 벙글 때도
차마 쳐다보지 못 했는데요
어느새 봄이 왔다 갔나요
폭풍우 몰아오는 구름 너머
가끔씩 웃는 해 본 듯도 한데요
소나기 지난 후 무지개 뜨자
속마음 살짝 설레기도 했는데요
여름도 가을도 그저 그렇게
가고 말았나요.
눈 오기를 기다리던 겨울 어느 날
가문 산 하나 홀연히 불 타
검은 재가 되고 말았는데요
깜깜 무덤 같은
그 산에도 꽃씨 같은 것
날아와 숨었을까요.

꽃 속의 봄

오늘이 지나가면 봄이 지겠지,
봄이 지면
꽃도 지고 말건가.
꽃이 지면 그저 그만
꽃 속의 봄이었다,
잊혀 지겠지

그립다 전하는 말은 뜬구름
소슬한 바람에도 흩어지니
봄이 지면 그저 그만
바람 속 봄이었다,
잊혀 지겠지

혼자서 간절한 한마디 말은
새벽 풀잎에 구르는 이슬방울
아침이 오면 그저 그만
이슬 같은 봄이었다,
잊혀 지겠지

꽃 진 자리마다

하늘 떠가는 구름 끝에 가을
더 깊어진 오후
산수유 가지마다 붉은 사연 하늘에 잠기네,
짧은 봄 꿈을 꾸고
긴긴 여름날을 벼려온 사랑이여.
어느 하루 비바람에 꽃이 졌어도
꿈길은 격랑이라 흔들렸어도
이제금 가지 끝에 열매 붉어라
기억하소서, 그대
바람 불고 비 오고 꽃은 졌어도
가지마다 맺힌 꽃
꿈이던 것을
꽃 진 자리마다
꽃보다 붉은 것 사랑인 것을

산막이 옛길

강나루 느티나무 가지에
그리움 익어가는 산막이
가을 깊은 산막이 옛길을 걷네
발아래 낙엽이 구르는 소리
잔잔한 호수에 목선은 떠가고
나는 홀로 옛길을 가네.
호수길 십 리
먼 추억은 아롱져
돌아보면 언제나 그곳에 있는 그대
산딸기꽃 필 때,
첫눈 내릴 때
내 마음 망세루에 매어있으니
물 위에 저 배
바람처럼 가도
사랑은 호수로 여기 남아라.

선유도는요

그 옛날, 사람은 말고
신선이나 불러들이던
섬, 선유도는요

빼앗긴 선유봉은 한강둔치 어디쯤
마법에 걸려있을
섬, 선유도는요

갖은 수초 야생화 피고지고 피고
쓰잘 데 없던 시멘트기둥조차
담쟁이 줄사철이 껴안고 사는
섬, 선유도는요

인적 끊긴 밤이면 어린 도깨비들
구름다리 오르락내리락
녹색기둥의 정원 신나게 뛰놀다가도
새벽이면 깜짝!
물속에 비친 제 모습에 놀라 달아나는

섬, 선유도는요

달아나다가
강물에 빠진 샛별 하나 건져
숨겨두고 가는
섬, 선유도는요

가슴속으로 열두 계단 아래
시간의 정원 감추어 놓고
한번 들어온 영혼일랑 아주 붙잡아버리는
섬, 선유도는요

여의도 지나 밤섬 돌아 양화대교 남쪽
나그네 새 숨어들기 좋은 섬

해오라기와 봄

묵은 갈대들 암만 수런거려도
시냇가 사방팔방에 봄
고물고물 눈뜨는 다복쑥에
돌무덤 위에도 자르르 흐르니
봄이다
봄꿈이다

중대백로 짝을 이뤄 구미동쪽으로 날아가고
언제나 뚱한 얼굴
해오라기는 홀로 물바위에 서 있다.
얼음 같은 물에
앉거나 서거나 대수일까만
바람이 오든
백로가 가든
미동도 없는 저 해오라기
잿빛 등에 노을이

숯내는 흐르고

봄은 달려가고
뉘라 그를 알거나,
이 봄에도 작년처럼 그 자리
한 곳에 붙박인 마음을

저 황매화가

웃는다
웃는다
웃는다
푸른 가지에 앉아
꿈속인양 웃는
노란 나비 떼
바람의 길로 천년
사랑 하나 품고 천년
기다리는 꽃

운다
운다
운다
겨울 한풍 견디던 꽃의 중심
봄볕에 무너지면 설움일까
젖은 이끼 돌담에 기대어
봄을
운다

평창의 노래

구름 안개 헤쳐온
찬란한 평창의 아침
옥빛으로 흐르는 물
노니는 원앙이 정겨워라
산내들 굽이굽이
태양을 안고 흐르는
평창은 우리의 꿈
저 넓은 세상을 향하리
오 평창 평창은
우리의 꿈, 꿈이어라
오 평창 평창은
우리의 사랑 사랑이어라

상원사의 종소리
고원의 아침을 열 때
새 빛으로 흐르는
설원의 눈꽃 아름다워
오대산 맑은 바람

평창강 푸른 물소리
평창은 우리의 꿈
저 넓은 세상을 향하리
오 평창 평창은
우리의 꿈, 꿈이어라
오 평창 평창은
우리의 사랑 사랑이어라

서해의 별

밀사초 성긴 절벽
바람이 걸려
밀려가지 않는 바다의 시간을 운다
해수 위를 떠돌던 검은 수리
무거운 날갯짓 멀어진 후에
누군가 울며 떠나는 기척

먹빛 하늘 검은 바다 사납던 그날
누가 그 바다
그 섬을 지켰던가.
달려와 길을 막는
그리운 얼굴들,
온몸으로 껴안던 햇살 가르며
누가 떠나갔는가

한 시절 울던 바다
연평도에
백령도에

피었던 꽃들
별이 되어 떠났구나.

*2002, 연평해전의 영웅들을 기리며

호두따기

쇠죽 쑤고 꼴 베던 내 팔뚝인데
요만한 작대기를 내 못이길까
호두야 떨어져라
떨어져라 호두야
휘익 탁 탁 휘익 따악 딱

설익은 놈 못 생긴 놈 자잘한 놈은 말고
조기 조 위엣 가지
울 아버지 주먹만 한 놈
찰진 살 꽉 찼겠다
고소하게도 여물었겠다
호두야 떨어져라
떨어져라 호두야
휘익 탁 탁 휘익 따악 딱

꿈속처럼 조용하던 동네가 들썩
천둥 같이 소리 내며 호두송이 떨어진다
열이틀 배부른 달이 구름 위에서 엿보는데

덕쇠할배 몽둥이 들고 뛰어올 것만 같은데
어쩌자고 그 애 얼굴은 자꾸 떠오르는지
에라 모르것다
호두나 많이 떨어져라
휘익 탁 탁 휘익 따악 딱

(소나기 연가곡 중)

추상

봄날의 새순처럼 푸르렀으리
혼자 생각에 부풀던 마음도 사랑이었으리

그러나 돌아보지 말자 그대여
그때에 못다 한 말 있었다 해도

오월의 장미처럼 빛나는 그림자
내 마음의 길 하나 덮고 있나니

어느 쓸쓸한 날에 그 길을 걸으며
돌아가 그날인 듯 설레기도 하리라

깊은 숲 바람 같은 그대 목소리
내 마음의 길 하나 채우고 있나니

어느 울적한 날
나직하게 들리는 그날의 목소리
나의 하루를 위로 하리라

내 마음의 왈츠

나뭇잎 우수수 지는 가을의 길목
쓸쓸히 떠나던 그대 그 미소를 기억하네.
그대의 눈빛에 담긴 무언의 말은
언젠가 돌아오리라,
약속인 걸 알았지
오세요, 구름 넘어 날아서 온
저 새처럼 날아서 오세요.
그대를 위하여 꽃을 심는
내 마음 아시는 이
긴긴 그리움의 강을 거슬러
먼 길 돌아서 그대여 오시나요.

그대가 온다는 소식 전해 듣던 날
설레어 창가에 서서 바람길 엿보았지
우리가 함께한 날들 사랑이라고
그때에 다 못한 그 말 나 이제는 말하리라
오세요, 어느 봄날 문득 핀
저 언덕의 꽃처럼 오세요.

그대를 위하여 촛불을 켜는
내 마음 아시는 이

시인과 꽃

잔설 위에 핀 노루귀 두 송이
시집 속에 넣어 보낸 시인이 있네
봄 들어 제일 먼저 만난 꽃이라고
사진 찍어 책갈피에 넣어 보냈네,
묵은 덤불 잔설 위로 여린 꽃대궁
봄 들어 제일 먼저 시인이 본 꽃
꽃을 보네,
봄을 보네
시보다 먼저 봄을 주고 싶은
시인의 마음을 보네

꽃바람인걸요

하루 내, 꽃향기 따라가다가
밤이 지나온 뜰로 왔더니
미처 숨지 못한
별 하나 놀란 눈을 깜빡이구요
불어온 꽃바람 그대 음성인걸요.
꽃이 질까 걱정하지 말아요,
바람도 탓하지 말아요
봄 가는 길목에도 꽃바람
꽃향기 은은한 그대 음성인걸요.
어느 날 바람 불고 꽃잎이 지고
떨어진 꽃잎이 내 가슴에 쌓이면
향기 묻어 숨어있을 그대 음성
꿀처럼 달콤한 꽃바람인걸요.

겨울산

천상의 한 자락이 여기 내려와
꿈속인양 앉았네 하얀 겨울 산
한 점 티 없어라 무구한 산 빛
날 부른 산의 음성 순결함이여
하늘의 무수한 별 그 어느 곳에
이토록 아름다이 눈이 내리고
가슴 벅찬 생명의 노래 흐르랴
숫눈길 오르는 겨울 산의 아침
깊은 골짜기 이름 잊은 풀잎도
이 겨울 눈꽃으로 산을 밝히네

천상의 나래인가 하얀 겨울 산
신성한 산바람 눈빛 더 찬데
고요한 산자락에 빛이 구르는
그 길로 오라 하네 순백의 산이
광활한 우주 어디 그 어느 별에
이렇듯 빛 부신 눈꽃이 피고
가슴 환히 기쁨의 노래 흐르랴

말없이 걸어가는 흰 눈 깊은 산
낮은 자리 풀포기 키 높은 나무
하나로 눈부셔라 무구한 산이여

제비꽃이 혼자

네가 왔구나
이 환한 봄 찾아
햇살 부셔 살포시 고개 숙이고
홀로 길섶에 앉아있구나
봄이 와도 적막한 이 길가에
누구를 기다리는 애틋함인가
꿈꾸듯 고요히 앉은 제비꽃
네가 왔구나
이 외진 길가에
찬 이슬 꽃샘바람 추웠으련만
아직 다하지 않은 그리움 있나
홀로 그 자리 앉아있구나
이 봄에도 전하지 못한 마음 하나
발아래 감추며 웃는 제비꽃

어여쁜 사람아

갈참나무 청미래 넌출 어우러진 숲 속에
짝을 찾는 새들의 노래 즐겁다.
가시피리 은비늘 개여울에 반짝일 때
민들레 홀씨 하나 바람 타고 오른다.
사람아, 사람아 어여쁜 사람아
푸른 숲과 산새
맑은 시내 들꽃들
저 생명들과 사랑에 빠져
우리 함께 살 곳은 여기
우리 함께 살 곳은 여기

물 위의 나뭇잎

흐르는 물 위에 나뭇잎 하나
물빛에 물들어 흘러간다.
바람에 밀려가는 나뭇잎처럼
우리도 어디론가 흔들려 간다
그러나 끝닿을 곳 알지 못하니
너의 손을 잡으랴
너의 손을 잡으랴

흔드는 이 없어도 흔들리면서
쉼 없이 건너는 삶의 강
아무 두려움 없이
가슴에 무거움 없이
흐르는 물 위에 나뭇잎처럼
흔들리며 가리라
나도 가리라

달의 초상

언제부터였을까 날 바라보던 것이
가까운 하늘
그림처럼 고요한
달이 나를 지켜보고 있었네
이 길의 어둠 밝히고 있었네
길은 멀고 아득할 뿐
천지사방 벗할 이 없어도
그저 바라봐주는
저 달이
내 길의 기억 훈훈케 하느니
흔들리는 가을 풀잎처럼
지금은 누구나 시름 깊은 때
쓸쓸해지는 너의 길을 말없이
지켜봐주는 달이고 싶다.

동십자각

바람도 멈추어 서던 경복궁 동쪽에서
조선의 안녕을 지켜오던 너
시대의 광풍에 제자리를 빼앗기고
오욕의 세월을 견뎌온 너 동십자각
불빛 어지러운 사간동 교차로에
이제는 뉘를 지켜 외로이 섰는가

햇살 잠시 들러 간 빈 망루에
바람만 밀려드는 저물녘
갈 곳 잃은 새 한 마리
용두에 앉아 쉬누나

귀로

마음 안에 굽이굽이
마음의 길이 있어
이 길인가
저 길인가
아흔 고개 넘어
아흔 굽이 돌아
마음 밖에 나서니
가로막는 태산이네

이 길인가
저 길인가
한 생을 헤매온
그 끝은 허방이라
흩어지는 구름 위에서
혼절하는 길이여

되돌아갈거나
되돌아갈거나

되짚어 가리라면
그 길은 수월할까
지나온 길 새겨놓은
임의 흔적은 어디 있어
해지고 두려울 때
손잡아 주실 건가
지나온 길목마다
꽃잎으로 흔적 놓아
별도 뜨지 않는 길
향기 따라 갈 것을

외눈박이 새의 노래 ❷

곡우

바람소리 아직 귀에 찬 사월
밤새워 내리던 봄비 그쳤나
고개 들어 세상의 봄을 보나니
허공중에 흩날리는 배꽃 이파리
내 마음 중에도 흰 꽃 이파리
저렇듯 하염없이 지고 있는가
이 봄 가고
다시 오는 계절에
또다시 흩날릴 꽃잎이라면
내게는 꽃피는 봄 없으리라고
다잡는 마음 중에도 하얗게
꽃잎이 진다

겨울강

마른 갈꽃 흔들며 겨울이 우는 소리
홀로 찾아와 듣는 이 누구인가
푸르게 흐르는 저 강물처럼
세월도 그렇듯 흘러갔거니
쓰러진 물풀 속에 길 잃은 사랑
하얗게 언 채로 갇혀있구나
그 어느 하루 떠나지 못한 나룻배엔
어느 나그네의 부서진 마음인가
소리 없이 눈은 내려 쌓이는데
언 하늘 마른 가슴 휘돌아
또다시 떠나는 바람의 노래
나그네 홀로
홀로 서서 듣고 있구나.

비 개인 어느 날

저녁 어스름에 지워지는 꽃처럼
비안개 속에 숨는 이 그대인가
돌아보면 그 빛 속에 먼 그림자
그림자 속에 숨는 이 그대인가

이제는 잊으리라 다짐하면서
그대 마음도 그러리라 생각했었네
하지만 난 알았네
비 개인 어느 날
구름 뒤 산 하나
내게 다가오던 날
내 안에 비 개이면 그대 마음 보이리

이제는 나 알았네
비 개인 어느 날
그대 모습 보이지 않아도
그대 내 곁에 있었네.

분실광고

오늘에야 그것이 없어진 줄을 알았습니다.
제가 언제 어디에서 그것을 잃었을까요.
그려 ~
억척스런 소낙비에 쫓겨 정신없던
영등포 로터리쯤은 아닌지
억척스런 소낙비에 쫓겨 정신없던
영등포 로터리쯤은 아닌지
내 영혼 흙바람 속을 쏘다니던 이른 봄이거나
쇼핑백 가득 채우고 싶은 욕망을 찾아
허둥대던 성탄절 무렵의 버스정류장은 아닐까요.

아이고, 이 정신머리 하곤 허허……

첫사랑 앓고 난 후의 가을 아침
밤새도록 버석거리던 낙엽에 묻고 태워버린
일기장 갈피에 끼워져 있었을까요

이걸 어쩌겠슴매, 허허허……

길들이 좁디좁은 어깨를 웅크리는 해질녘 개울가
살얼음 낀 돌밭
엎어지며 내달으며 갯버들 꺾으며
시간 모르던 어린 봄은
분명 아니지요

아무도 재발급해주지 않는
영혼의 신분증 주우신 분 꼭 연락주시기요!

서강을 지나며

산굽이 돈다
물굽이 돈다.
구절초 쑥부쟁이 길 잡으라 하고.

바람이 주절대는 옛말 들으며
주천 지나 상암마을 영월로 흐르는 길
계곡 안개 묻어오는
향기는 청산의 것
따라온 미망도 청산에 젖어라

산굽이 세월굽이 돌고 돌아
서강은 오늘을 흐르는데
통한의 그 시절은 흘러가지 못했구나
청령포 옛 소나무
오늘이사 하늘 아래 한 폭 그림인 것을

인간사 뜬구름 희롱하며
난고 떠나간 옛길을 간다.

동해의 아침

긴 밤을 달려와
뉘 가슴에 닿으려는가
신묘한 그 빛
풀어놓은 곳 어디인가
수평선 너머
깊고도 오랜 신성으로부터
아침을 품고 달려온
파도여
아침의 바다여
너의 가슴에서 길어 올린
희망을 향해 경배하노니
그 빛
내 가슴으로 흘러
하루 또 하루
희망으로 살게 하라

아가

울지 마라 아가
달님이 창밖에서 보고 있단다.
네가 울면 강아지 울고
강아지 울면 도깨비 깬단다

울지 마라 아가
벌 나비 해님도 잠이 든 밤
예쁜 아기 왜 우냐고
꽃밭에 꽃들도 수런수런

울지 마라 아가
뒷산이 내려와 울 넘어 엿본다.
초롱초롱 고운 눈 감고
자렴아 내 아가

나 혼자 듣는 그대의 노래

노을 안고 흐르는 가을 강가에
야윈 풀잎 곱게 흔들리더니
아슴한 그 모습
스산한 마음 안에 들어오던 날
바람에 실려 오는 소리 들었네.
그대 내 곁에 서 있었던가,
강가에 나무처럼 그렇게
오래 나를 지켜 서 있었나,
그 세월 강처럼 깊고 깊어
사랑은 끝 간 데 없으리라
나 혼자 듣는 그대의 노래

가을이 흐르는 낮은 모래톱
저 혼자 피어 있는 작은 풀꽃
아려한 그 모습,
둘 곳 없는 눈길 잡아주던 날
귀엔 듯 가슴에 젖어오는 소리
그대 내 곁에 서 있었던가

강가의 바위처럼 그렇게
오래 나를 지켜 서 있었나
강물은 흐르고 사람은 가도
사랑은 여기 남으리라,
나 혼자 듣는 그대의 노래

재의 향기

우리의 날 셈일랑 향인에 맡겨두고
민들레 꽃잎 나면 꽃잎이나 세어보리
벌 나비 오시는 길 두루두루 닦아두고
봄 꽃잎 사이사이 정인가 둘러보니
봄은 저만치 가고 없어라
사랑도 저만치 가고 없어라

궂은 맘 올올 펴서 매화가지에 걸어두고
오시는 새 철을 길 밝혀 맞으리라

해꼬리 앉은 마루에 여름을 잡아놓고
허튼 말인 듯 심정 묻어나는 날
멀뚱한 밀잠자리 오락가락 가을이사
그대가 나인지 내가 그대인지
따지고 셈하기에 이미 기운 시절
수북이 쌓은 재에 향기 고여 있기를
성간으로 흐르는 향기
그대에게 닿기를

메밀꽃 필 무렵

눈밭인 듯 온 들에 피어 하얀 저 꽃은
가슴에 피어난 후 차마 지지 않은 꽃
달빛은 그날처럼 길 위에 부드럽고
나그네 긴 그림자 시린 물에 젖는다
장에서 장으로 떠나는 나그네
꿈에서 꿈으로 떠나는 나그네
달빛에 방울소리 벗하여 걷는 길
머물 곳 몰라도 설움은 아니언만
산허리 차올라 맘에 젖는 메밀꽃
달빛 아래 어롱어롱 흔들리는 심사여
길에서 길을 찾아 떠나가는 나그네

이제금 저들에 메밀꽃 후련히 피고
아리게 솟는 것 설움인걸 알았네
서리서리 맺힌 게 사랑인걸 알았네
메밀꽃 피어나면 서럽던 그 사랑
장에서 장으로 떠나는 나그네
꿈에서 꿈으로 떠나는 나그네

어느 하늘이 따스하지 않았으리
어느 땅인들 다정하지 않았으리
그래도 맘에 깊은 오직 하나 그 사랑
영원으로 흐르는 강물이었어라
꿈에서 꿈을 찾아 떠나가는 나그네

너에게 가는 길

하얀 무명으로
너에게 가서
네 빛깔로 물들면 나는 너일까
다 버려 빈 마음으로 너에게 가면
너는 내게로 와서 우주가 될까
내 안에 묻어둔 이름에 물들어
밤마다 흔들리는 나를 지우고
그 이름에 물들면
너는 나일까
나는 너일까
알 수 없는 마음 밖을 헤매다
다시 바라보는 너를 향한 길
허공이듯 막아선 것 없어도
내달아 가지 못하는 너를 향한 길

겨울 산수유

다친 다리 더치며 한겨울을 건너
아픈 줄기 숨길마다
꽃불 매단 봄이
동네 어귀 감아드는 발소리 뉘신지
맘 졸이며 엿보던 봄이 있었지
이제는 놓아버린 기다림인가
들에 겨울 오고
마른 잎 지는 소리
발아래 또 하나 전설을 묻고
말갛게 여위어 가는
붉디붉은 그 마음
동짓달 눈서리 매운 들녘이 곱다

산이 날 부르네

산이 날 부르네
귀에 익은 산새 소리로
나뭇잎 사이사이 헤쳐나가는
명랑한 바람소리 산이 날 부르네
햇살 촉촉히 젖어있는 오솔길을 밟아
스스럼없이 오라하네
속사랑 다 못준
어머님 같은 산이 날 부르네
산이 날 부르네
빈 마음만 오라네
새벽 범종 소리에 산새 눈뜨는
맑은 계곡물 소리 산이 날 부르네

어제 같은 날

이슬에 젖은 수풀 헤치며
굴참나무 우거진 산길을 가네
굽어보는 계곡엔 어제 같이 흐르는 물
귀에 익은 바람소리 그날 같아도
꿈인 듯 아득하다 그대 함께 걷던 날
그날도 어치가 앞서 가며 울었지
이 산 그대로 그대에게 보내면
푸르던 그 시절 날 함께 기억할까
아 이슬에 젖은 수풀 헤치며
굴참나무 우거진 산길을 가네

가을엽서

가을이 쓴 편지에 함께 온 하얀 꽃
해맑은 얼굴들이 다정스레 앉았네
우리 사느니 그렇게
하얀 마음끼리 부대끼며 보듬으며
욕심 없는 하늘만 닮아가라고
가을이 전하는 소식이 왔네

가을이 쓴 편지에 함께 온 구절초
아리게 고운 꽃 하늘 보고 앉았네
우리 사느니 그렇게
저 들꽃처럼
욕심 없는 마음끼리 기대고 보듬으며
파란 하늘 하나씩 품고 살자고
가을이 전하는 얘기 들었네

등꽃이 필 때

봄바람이 살갑게 스쳐간 뒤에
수줍게 부푸는 등꽃을 보네
누구에게 보내는 보랏빛 사연인지
한 하늘 풀어내는 봄은 곱지만
오늘 더 서늘한 그대 빈자리
무늬 지는 꽃그림자 쓸쓸함이여
오라 은빛 구름길을 건너
그대 기다려 꿈을 꾸느니
살바람 떨어지던 잎새 사이로
한줄기 햇살 내려 꽃등 밝히는
아름다운 계절 그대가 오면
내 깊은 꿈이 꽃으로 피리라

푸른 잠자리

빈 하늘 바람에 묻어와
전설 슬픈 섬처럼 떠도는
눈 시린 그 빛
남 몰래 안으로 키운 사랑
맴돌아 떠돌다 다시 찾아보는 그 어디
너 머물 자리던가
푸른 설움 산으로 떠돌다
구름 끝으로 흘러간 별똥별
가슴 한 구석
끝내 머물지 못한 사랑인 것을
맴돌다 떠돌다 다시 돌아보는 어디
너 머물 자리던가

그대 없이 흐르는 시간 속에서

그대 없이 흘러가는 시간 속에
보이지 않는 바람 같은
내 마음의 심연에 가라앉는
들어요, 그대의 노래를

보려하지 않아도 보아요
그리움 가득한 마음으로
아스라한 별에서 오는 듯
설고도 영롱한 그대

마주보지 않아도 보아요,
가을비 사이로 흩어지는
가슴에 쌓이는 첫눈 같은
그대, 내 사랑인가요

흘러라 청계천아

캄캄한 어둠에서 반백년 숨어 흘렀어도
햇살 아래 가슴 펴니 그 모습 의연하다
소리하며 춤추며 새날을 향해 흘러라
따라나선 바람의 추임새도 흥겹구나.
흘러라, 흘러라
저 눈부신 햇빛 속으로
노래하며 흘러라 생명의 물결
푸른 바람 솔바람의 향기를 타고
아, 청계천아
힘찬 서울의 맥박이여!
아, 영원히 흐르는
서울의 빛이여!

복수초

긴 모퉁이 돌아 흐르는 듯 사뿐히
산자락에 내려앉는 햇살 부드러워도
산허리 헤집으며 찬바람 오는 시절
시린 눈밭 딛고 선 그 모습 의연해라
산제비도 벌들도 눈뜨지 않았지만
봄 오는 길 어두울까
불 밝히 듯 잔설 위에 환하게 피었구나

깊은 산 봄은 더디고 적막하던 겨울 끝
청량한 새소리로 봄눈 뜨려는 숲 속
바람이 헤살 짓는 날
살얼음 낀 그늘에 피워 올린 노란 꽃잎
새 봄이 피었구나
지난해 온 겨울새 고향 찾아 떠날 제
어두워 헤맬까
길 밝히듯 언 땅에 환하게 피었구나

저녁새

붉은 노을에 나래 젖은 새 한 마리
서럽도록 고운 하늘을 떠간다
한 조각 구름으로 흐르듯 날아가는
저 새는 누굴 찾아 어디로 가는지
서산을 넘는 해 그윽이 바라보고
지금은 빈 들 돌아서 가네
아- 먼 길 홀로 날아가는
석양의 새여

한낮은 이울고 홀로 나는 새
슬프도록 붉은 노을 속을
한 조각 구름으로 나는 새처럼
구름이 흐르는 길로 나도 가리라
애잔한 들꽃 피어 옛날을 그릴 때
나직이 말 걸어오는 내 안에 그대
아-먼 길 홀로 날아가는
석양의 새여

나뭇가지 새잎 나면

이토록 고운 봄을
누가 보내셨는지
어제도 검던 나무 봄빛 들었어요
한겨울 눈바람에 감춰온 속내를
가만히 풀어내어 가지마다 걸어 놓은
보세요 반짝이는 봄을 보세요
그대 위해 피어난
연둣빛 꿈을 보세요
이 봄 또 피었다 질 꿈이라 해도
두고 간 마음이야
제 안에 있는 것
봄 지면 또 다른 봄
새잎처럼 피겠지요

물

보는 이 없는 산중에
한줄기 생명수 솟아
바위 틈 풀뿌리
어린 나무 아우르고
아래로 아래로 낮은 땅을 향해
몸 낮추어 가네
우뢰소리 몸짓은 거침없어
격랑에 폭풍처럼 휘돌아가도
때로는 조신한 아가씨 걸음으로
닿은 곳에 알맞게 눈을 맞추며
강으로 흐르는 물의 길
험한 세상 그림자 가슴에 품어도
강은 속 깊어 고요하니
저 강이 흐르듯 내 마음도 흘러라

외눈박이 새의 오후

1쇄 발행일 | 2019년 01월 30일

지은이 | 한여선
펴낸이 | 정화숙
펴낸곳 | 개미

출판등록 | 제313-2001-61호 1992. 2. 18
주소 | (04175) 서울시 마포구 마포대로 12, B-108호(마포동, 한신빌딩)
전화 | (02)704-2546
팩스 | (02)714-2365
E-mail | lily12140@hanmail.net

ⓒ 한여선, 2019
ISBN 979-11-965679-5-8 03810

값 12,000원

잘못된 책은 바꾸어 드립니다.
무단 전재 및 무단 복제를 금합니다.